BEI GRIN MACHT
WISSEN BEZAHL

- Wir veröffentlichen Ihre Hausarbeit,
  Bachelor- und Masterarbeit

- Ihr eigenes eBook und Buch -
  weltweit in allen wichtigen Shops

- Verdienen Sie an jedem Verkauf

Jetzt bei www.GRIN.com hochladen
und kostenlos publizieren

Bibliografische Information der Deutschen Nationalbibliothek:

Die Deutsche Bibliothek verzeichnet diese Publikation in der Deutschen National-bibliografie; detaillierte bibliografische Daten sind im Internet über http://dnb.d-nb.de/ abrufbar.

Impressum:

Copyright © 2016 GRIN Verlag, Open Publishing GmbH
Druck und Bindung: Books on Demand GmbH, Norderstedt Germany
ISBN: 978-3-668-24229-6

Dieses Buch bei GRIN:

http://www.grin.com/de/e-book/334571/der-beitrag-konrad-dudens-zur-orthographie-des-deutschen

Jule Dorin

Der Beitrag Konrad Dudens zur Orthographie des Deutschen

GRIN Verlag

GRIN - Your knowledge has value

Der GRIN Verlag publiziert seit 1998 wissenschaftliche Arbeiten von Studenten, Hochschullehrern und anderen Akademikern als eBook und gedrucktes Buch. Die Verlagswebsite www.grin.com ist die ideale Plattform zur Veröffentlichung von Hausarbeiten, Abschlussarbeiten, wissenschaftlichen Aufsätzen, Dissertationen und Fachbüchern.

Besuchen Sie uns im Internet:

http://www.grin.com/

http://www.facebook.com/grincom

http://www.twitter.com/grin_com

Inhaltsverzeichnis

1. Einleitung

Der Duden gilt heutzutage als das Nachschlagewerk überhaupt, wenn es um die richtige Rechtschreibung geht. Bei Fragen bezüglich der richtigen Schreibung greift der Großteil der deutschen Bevölkerung regelmäßig zum Duden, was durch die Vielzahl an Auflagen, in denen er bereits erschienen ist, belegt wird. Nerius (2007: 366) behauptet sogar, dass der Duden „[D]as bekannteste und einflussreichste Orthographiewörterbuch der deutschen Sprache" ist. Mlinarzik-Gutt (2003: 192) bezeichnet Konrad Duden als eine der prägenden und zentralen Figuren in der Orthographiegeschichte des 19./20.Jahrhunderts.

Angesichts der großen Bekanntheit des Dudens, eröffnet sich die Frage,welche Rolle sein Verfasser, Konrad Duden, bei der Erlangung der deutschen Einheitsorthographie innehatte. Diese Fragestellung soll in der folgenden Arbeit geklärt werden. Im Folgenden wird es in einem kurzen Einblick in Dudens Lebenslauf bis du dem Zeitpunkt, an dem er begann, aktiv in die Orthographie des Deutschen einzugreifen, zunächst darum gehen, wer Konrad Duden überhaupt war, bevor dann auf die deutsche Orthographie und Dudens Rolle in Zusammenhang mit dieser eingegangen wird. Diese wird zunächst deutlich gemacht durch eine Erläuterung der Situation, in der sich die damalige Rechtschreibung befand und somit Dudens Ausgangssituation bildete. Im weiteren Verlauf werden Dudens orthographische Prinzipien und Ziele erläutert, sowie auf seine erste wichtige Veröffentlichung in Zusammenhang mit dem Prozess um die Erlangung einer Einheitsorthographie, den so genannten „Schleizer Duden" näher eingegangen. Des Weiteren wird dann in weiteren Abschnitten auf seinen Einfluss und die Beteiligung an der schrittweisen Kodifizierung der deutschen Einheitsorthographie eingegangen. Diese sind etwa die zwei orthographischen Konferenzen von 1876 und 1901, sowie die Veröffentlichung seines Orthographischen Wörterbuches im Jahre 1880 und die Rolle, die es innehatte. Zuletzt wird noch die Bedeutung seines so genannten Buchdrucker-Dudens erläutert.

2. Kurze Einführung in Dudens Lebenslauf bis zu seiner Anstellung in Schleiz

Konrad Alexander Friedrich Duden kam am 03.01.1829 auf dem Gut Bossigt bei Wesel zur Welt. Seine Eltern waren Johann Konrad Duden, Gutsbesitzer und Branntweinbrenner und Juliane Charlotte, geb. Monje. Laut Goldberg (2007: 9) kamen beide Elternteile aus gutem Hause, so kam die Mutter Julianes aus einer angesehenen Weseler Bürgerfamilie, während der Großvater Dudens mütterlicherseits ein angesehener Arzt war. Auch väterlicherseits war die Situation ähnlich, denn sein Großvater war Bürgermeister der Stadt Wesel, wie auch Schöffe und Stadtsekretär. Leider war der Vater Konrad Dudens selbst nicht so erfolgreich, denn er musste seine Brennerei zum Jahreswechsel 1830/1831 aufgeben. (Vgl. Goldberg 2007: 10) Da es somit mit der wirtschaftlichen Lage der Familie Duden bergab ging, musste der Vater seine Familie schließlich in Wesel zurücklassen, während er selber nach Dinslaken ging. (Vgl. Goldberg 2007: 11) In der Folgezeit gelang es Dudens Mutter Juliane Charlotte, ihre beiden älteren Söhne in einem Kontubernium, einem Waisenhaus der Stadt Wesel unterzubringen, was sich als äußerst schwierig erwiesen hatte und ihr ob der finanziellen Lage der Familie nicht auf Anhieb gelungen war. Nachdem sie ihre Söhne in dem Waisenhaus untergebracht hatte, folgte Juliane Charlotte ihrem Mann nach Dinslaken. (Vgl. Goldberg 2007: 11f) Bis 1846 besuchte Duden nun das Gymnasium in Wesel, wo er das Abitur ablegte, um hinterher studieren zu gehen. So studierte er von 1846 bis 1848 in Bonn Geschichte sowie Deutsch und Klassische Philologie (Vgl. Mlinarzik-Gutt 2003: 281) Laut Goldberg (2007: 13) bekam Duden ein Stipendium der Heresbach-Stiftung, um sein Studium trotz der prekären finanziellen Lage seiner Familie fortsetzen zu können. 1848 brach Duden sein Studium in Bonn ab und trat eine Stelle als Hauslehrer an. Dennoch bestand er sein Lehramtsexamen 1854 erfolgreich und promovierte in Marburg und trat hinterher eine Referendarstelle in Soest an, welche er jedoch wieder zugunsten einer Hauslehrerstelle in Genua abbrach. (Vgl. Mlinarzik-Gutt 2003: 281) Erst 1859 kehrte Duden wieder nach Soest zurück, wo er bis 1868 als Lehrer und Prorektor am Archigymnasium beschäftigt war. Im Jahre 1869 kam Duden schließlich nach Schleiz in Thüringen, wo man ihm die Leitung des örtlichen Gymnasiums anvertraute. Hier begann Duden, sich mit den Problemen der vorherrschenden deutschen Orthographie auseinanderzusetzen. Am Schleizer Gymnasium blieb Duden bis zum Jahr 1876, in dem er nach Bad Hersfeld ging.

3. Die Situation vor der Einheitsorthographie

3.1 Dudens Ausgangssituation

Im Jahre 1871, während er die Leitung des Humanistischen Gymnasiums in Schleiz in Thüringen innehatte (vgl. Wurzel 1975: 179), begann Konrad Duden damit, sich mit der deutschen Orthographie zu beschäftigen (Vgl. Drosdowski 1987: 9; Wurzel 1975: 179), denn die Situation, in der sich ebendiese zu dem genannten Zeitpunkt befand, beschrieb Duden 1872 selbst (zitiert nach Wurzel 1975: 179) wie folgt: „Auf dem Gebiete der deutschen Rechtschreibung herrscht augenblicklich ein unerquicklicher und namentlich für die zum Lehren Berufenen unbefriedigender Übergangszustand." In der Tat handelte es sich um eine „an der Aussprache orientierte" (Drosdowski 1987: 11) Rechtschreibung, welche „nicht einheitlich und verbindlich geregelt und durch zahlreiche Schwankungsfälle belastet." (Drosdowski 1987: 11) war. Dies lag zum Teil daran, dass es recht viele unterschiedliche Rechtschreibbücher mit regionaler Geltung gab. (Vgl. Mlinarzik-Gutt 2003: 193) Weiterhin beschreibt Drosdowski (1987: 11) die Situation so, dass sich Lehrer an Schulen beraten mussten, welche Orthographie sie den Schülern beibringen wollten und 1862 sogar ein preußischer Schulerlass herausgegeben wurde, der forderte, dass wenigstens an denselben Schulen die gleiche Orthographie gelehrt wurde. (Vgl. Mlinarzik-Gutt 2003: 193) Wurzel (1975: 179) bestätigt dies: „Es herrschten Uneinheitlichkeit, Willkür und Verwirrung, ganz zu schweigen von der Unzweckmäßigkeit und Kompliziertheit in der Schreibung vieler Wörter." Ferner beschreibt auch er, dass es in den meisten Fällen keine bindenden Rechtschreibregeln gab. (Vgl. Wurzel 1975: 179)

4

Seit dem 18. Jahrhundert war die deutsche Rechtschreibung der Devise „[s]chreibe, wie du sprichst" (Drosdowski, 1987: 8) gefolgt, es wurde also geschrieben, ohne irgendwelchen Regeln zu folgen. Historisch gesehen, wurde vieles aus dem Mittelhochdeutschen übernommen und folglich war die Verwirrung groß, da kein Regelwerk vorhanden war, welches zu einer geregelten Schreibung verhalf.

3.2 Dudens orthographische Prinzipien

Duden selbst war ein Verfechter des gemäßigten phonetischen Prinzips, welches von Rudolf von Raumer in den 50er Jahren des 19. Jahrhunderts entwickelt wurde. (Vgl. Drosdowski 1987: 8; Nerius 2007: 338) Dieser hatte es sich zum Ziel gemacht, eine möglichst genaue Wiedergabe der Laute durch Schrift zu erzeugen, um den Sprachnutzern den Sprachgebrauch deutlich zu erleichtern und nicht wie es seit geraumer Zeit der Fall war, deutlich zu verkomplizieren. So sprach Raumer sich bereits etwa in der Hälfte des 19. Jahrhunderts dafür aus, Schwankungen und widersprüchliche Schreibungen zu reduzieren. Duden vertrat dieselben Ansichten nicht nur aus theoretischen Gründen, sondern auch aus gesellschaftspolitischen, denn er war der Meinung, dass „[e]ine Rechtschreibung nach dem etymologisch-historischen Prinzip [...] schwer erlernbar sein [würde] und vor allem die Schüler der Volksschulen überfordern" (Drosdowski 1987: 9) würde, da sie ein Privileg für die Gebildeten wäre. Da er keine Vergrößerung der Kluft zwischen den Gelehrten und Ungelehrten wollte, bestand er auf einer Rechtschreibung, die unabhängig von der Bildung leicht zu erlernen war und den Bedürfnissen aller Volksschichten genügte. (Vgl. Drosdowski 1987: 9; Wurzel 1975: 180) Dies ist auch einer der Gründe, weshalb Duden als ein entschiedener Gegner von Rechtschreibungen gilt, die auf dem historischen Prinzip aufbauen, denn seiner Ansicht nach benötigt man, um eine historisch orientierte Orthographie beherrschen oder gar verstehen zu können, eine Bildung „die über das, was man in der Volksschule des kaiserlichen Deutschland lernen konnte, weit hinausging." (Wurzel 1975: 180) Somit wäre eine Orthographie nach dem historischen Prinzip genau das, was Duden auf keinen Fall wollte, nämlich ein Privileg für die Gebildeten, welches bei dem einfachen Volk nur für mehr Verwirrung gesorgt hätte. (Vgl. Wurzel 1975: 108)

Während es beim historischen Prinzip darum geht, zu schreiben, „wie es die geschichtliche Fortentwicklung des Neuhochdeutschen verlangt" (Weinhold 1852, zitiert nach Nerius 2007: 337; vgl. auch Mlinarzik-Gutt 2003: 194) zielt das phonetische Prinzip darauf hin, seine Schrift und Sprache in Übereinstimmung zu bringen. Anders formuliert bedeutet dies so viel wie „schreib, wie du sprichst", sowie „sprich, wie du schreibst" bzw. „bringe deine Schrift und Sprache in Übereinstimmung". Da die Schreibung phonetisch bestimmt ist, weil sie lautliche Einheiten wiedergibt, bedeutet dies, dass die Schaffung einer Orthographie eine Grundlage für die richtige Aussprache bildet. (Vgl. Nerius 2007: 338) Rechtschreibung und die richtige Aussprache stehen somit in engem Verhältnis. Laut Wurzel (1975: 181) unterscheidet Duden zwischen zwei Arten von Schriften, der Lautschrift, auch Buchstabenschrift, und der Begriffsschrift, auch logographischen Schrift. Während die Begriffsschrift mit orthographischen Zeichen Bedeutungen wiedergibt, präsentieren die Zeichen der Lautschrift Lauteinheiten. Weiter erklärt er, dass die Buchstabenschrift die Aufgabe erfüllen soll, eine möglichst genaue schriftliche Erfassung der lautlichen Äußerungen einer Sprache wiederzugeben. Dies bedeutet wiederum, dass die Schrift genau eines Zeichens für jeden Laut bedarf. Eine konsequente Durchsetzung des phonetischen Prinzips würde dazu führen, dass für jeden Laut nur eine Schreibung bestände „und wer richtig sprechen könnte, würde richtig schreiben können, ohne etwas anderes gelernt zu haben als das ABC" (Duden 1982, zitiert nach Wurzel 1975: 182). Wurzel (1975: 182) schlussfolgert, dass „[d]er einzige Sinn des ‚phonetischen Prinzips' [darin besteht], eine eindeutige Zuordnung zwischen den gesprochenen Wörtern und ihren orthographischen Repräsentationen und umgekehrt herzustellen."

Dudens Anforderungen an eine zweckmäßige Orthographie werden von Wurzel (1975: 190) wie folgt formuliert:

(a) Eine Buchstabenschrift soll so beschaffen sein, daß jede lautliche Äußerung nur *eine* schriftliche Repräsentation haben kann und jede schriftliche Repräsentation genau für *eine* (von anderen sprachlich verschiedene) Äußerung steht.

(b) Abweichungen davon können zugelassen werden, wenn sie dem Zweck dienen, phonetisch unterschiedliche Formen von Morphemen orthographisch als zusammengehörig zu kennzeichnen und dabei die Alternationen in den Morphemen nach allgemeingültigen Regeln funktionieren.

Ein Prinzip, welches Dudens Ansicht nach neben dem phonetischen Prinzip auch noch in Frage kommt, sofern das phonetische Prinzip immer Vorrang hat, ist das etymologische Prinzip. Dieses kann demnach angewandt werden, wenn es darum geht, Lexeme, die denselben Stamm haben, nicht auseinanderzureißen bzw. die Morpheme einheitlich zu schreiben. (Vgl. Wurzel 1975: 193)

3.3 „Schleizer Duden"

Es mangelte also als unmittelbare Folge der Reichsgründung von 1871 an einer einheitlichen Schulorthographie und Duden beschrieb die Situation später wie folgt: „Nicht zwei Lehrer derselben Schule und nicht zwei Korrektoren derselben Offizin waren in allen Stücken über die Rechtschreibung einig und eine Autorität, die man hätte anrufen können, gab es nicht" (Duden 1908, zitiert nach Nerius 2007: 341) Die deutsche Orthographie befand sich also in einem chaotischen Zustand, gerade weil man sich unter den Vertretern der verschiedenen Prinzipien nicht einigen konnte, welche Richtung man denn nun einschlagen wollte.

Aus diesem Grund legte Duden verbindliche Rechtschreibregeln für das Schleizer Gymnasium fest, welche 1872 unter dem Titel „Zur deutschen Rechtschreibung" zusammen mit kurzen Erläuterungen im Jahresbericht des Schleizer Gymnasiums veröffentlicht wurden. (Vgl. Wurzel 1975: 179) Ebendiese Regeln fanden breite Zustimmung und so kam es dazu, dass Duden sich dazu entschloss, den Regeln eine Abhandlung mit dem Titel „Zur Orientierung über die orthographische Frage", sowie ein Wortverzeichnis, welches hauptsächlich Wörter enthielt, die häufig falsch geschrieben wurden und Auskunft über die etymologische Herkunft dieser Wörter gab, hinzuzufügen. Dies war schließlich das erste Werk Dudens, das 1872 in

Buchform veröffentlicht wurde. (Vgl. Wurzel 1975: 179f) Dieses Werk Dudens, unter anderem, verhalf schließlich dazu, eine Basis für den weiteren Verlauf der Entwicklung der deutschen Einheitsorthographie zu schaffen, da es zum einen die theoretischen Prinzipien der phonetischen Richtung deutlich machte und zum anderen „durch die Vorlage von Regelwerken und Wörterverzeichnissen auch deren praktische Umsetzung" (Nerius 2007: 342) bot. (Vgl. auch von Polenz 1999: 239)

3.4 Die orthographischen Ziele Dudens

Nach Dudens Ansicht sollte eine Orthographie also nicht nur territorial, sondern auch sozial einheitlich sein. (Vgl. Drosdowski, 1987: 9) Unter dieser Voraussetzung galt es als sein primäres Ziel, „eine einheitliche, für das gesamte deutsche Sprachgebiet geltende Orthographie durchzusetzen" (Wurzel 1975: 180; vgl. auch Mlinarzik-Gutt 2003: 192) So sollte jeder Sprecher des Deutschen, unabhängig seiner Herkunft, in der Lage sein, diese durch einfache Regeln leicht zu erlernen. Wurzel (1975: 180) formuliert es so, dass „die Aussprache eines Wortes sicher zur korrekten Schreibung und die Schreibung sicher zur Aussprache führt." Ein weiteres Anliegen Dudens war eine Vereinfachung der deutschen Orthographie, da sich diese gerade in einer solch unzumutbaren Situation befand. Hier waren Dudens Ziele vor allem das Abbauen der Doppelschreibung und das Vereinfachen von schwierigen Schreibungen, sowie eine stärkere Angleichung der Schreibung an die Aussprache und die eindeutschende Schreibung von Fremdwörtern. Des Weiteren wollte er die komplizierte Großschreibung der Substantive beseitigen. (Vgl. Drosdowski 1987: 11f) Zusammengefasst war Konrad Dudens Ziel was die Orthographie angeht also eine einheitliche und vereinfachte deutsche Rechtschreibung.

4. Durchsetzung der Einheitsorthographie

Durch die Gründung des Deutschen Reiches durch Otto von Bismarck im Jahre 1871 wurde eine einheitliche Rechtschreibung des Deutschen nun immer dringlicher. (Vgl. von Polenz 1999: 239) Gerade für die Schulen und öffentlichen Instanzen war es jetzt von noch größerer Bedeutung, das orthographische Problem zu lösen. Eine Angleichung der verschiedenen Schulorthographien war jetzt dringend notwendig, um die deutsche Einheit auch in ihrer Orthographie zu verdeutlichen. Des Weiteren schien es notwendig, ein einheitliches Regelwerk für Schulen und Behörden zu konstruieren. So wurden nun endlich Schritte unternommen, die eine schnelle Einheitsorthographie herbeiführen sollten.

Im Oktober 1872 fand in Dresden eine Tagung statt, bei der eine Delegiertenversammlung der deutschen Schulverwaltung sich darauf einigte, Rudolf von Raumer mit einer Ausarbeitung eines orthographischen Regelwerks zu beauftragen, welche anschließend als Grundlage für eine Konferenz von Fachleuten für die Ausarbeitung einer einheitlichen Regelung der deutschen Orthographie dienen sollte. (Vgl. von Polenz 1999: 239) In einem weiteren Verfahren sollte diese dann von den deutschen Ländern für Schule und Behörden verbindlich gemacht werden. Raumer erfüllte seinen Auftrag und legte schließlich neben einem Regelwerk nebst Wörterverzeichnis auch eine zweite Schrift vor, welche dieses begründete. (Vgl. Nerius 2007: 342) Für seinen Entwurf bezog Raumer unter anderem das Berliner Regelbuch und die Veröffentlichungen Dudens mit ein. (Vgl. von Polenz 1999: 239) Somit stand einer Konferenz um die Vereinheitlichung der Orthographie nichts mehr im Wege.

4.1 I. Orthographische Konferenz

Nachdem Raumer also zuvor damit beauftragt wurde, einen Entwurf eines orthographischen Regelwerks auszuarbeiten, fanden schließlich vom 4. bis 15. Januar 1876 die „Verhandlungen der zur Herstellung größerer Einigung in der deutschen Rechtschreibung berufenen Konferenz", später I. Orthographische Konferenz genannt, mit diesem als Diskussionsgrundlage, statt. Teilnehmer dieser Konferenz waren 14 Fachleute, die als Vertreter der deutschen Länder anwesend waren sowie Vertreter der Schulbehörden und des Druckereigewerbes. Zu den Teilnehmern gehörten auch Duden und Raumer. (Vgl. Nerius 2007: 343) Interessant ist, dass alle Teilnehmer ausschließlich entweder Anhänger der gemäßigten phonetischen Richtung waren (vgl von Polenz 1999: 239), oder nichts gegen diese einzuwenden hatten, wohingegen keine Vertreter der historischen Richtung anwesend waren. Dies bedeutet folglich, dass sich die Anhänger des gemäßigten phonetischen Prinzips gegenüber den Anhängern des historischen Prinzips behauptet haben, da nur diese zur Teilnahme an der Konferenz eingeladen wurden.

Diskutiert wurden, wie oben erwähnt, die durch Raumer vorgelegten Verbesserungsvorschläge. Nerius (2007: 343) beschreibt die Änderungsvorschläge Raumers als „Regelapparat, der durchaus auch Traditionen der Schulgrammatik aufnahm, wobei wiederum den Phonem-Graphem-Beziehungen eindeutig der Vorrang gebührte". Die Änderungsvorschläge waren nicht unbekannt, da sie tatsächlich schon seit längerer Zeit Teil der Diskussion waren. Unter anderem hatte Raumer vorgeschlagen, dass der Gebrauch des <th> bei deutschen Wörtern eingeschränkt wird. So würde von nun an *Teil* und *Tier* statt *Theil* und *Thier* geschrieben werden. Ein weiterer Vorschlag Raumers war die teilweise Ersetzung des <c> durch <k> und <z> entsprechend der Aussprache in eingebürgerten Fremdwörtern. Als Beispiele nennt Nerius hier etwa *Kasse* statt *Casse* und *Zentner* statt *Centner*. Des Weiteren sollte von nun an nur noch die Verbendung *-ieren* verwendet werden, nicht mehr die zwei Möglichkeiten *-ieren* und *-iren*. Zuletzt sollte das <dt> durch <t> in *tot* und *töten* ersetzt werden. (Vgl. Nerius 2007: 343; Nerius 2000: 76) So wurden Raumers Änderungsvorschläge Punkt für Punkt erörtert und diskutiert, wobei sich Duden stark für eine einheitliche und unter Berufung auf das raumersche phonetische Prinzip angemessene Regelung einsetzte. Dies bedeutete jedoch teilweise eine deutliche Veränderung der bisherigen Schreibung. (Vgl. Nerius 2000:76) Leider waren die Ergebnisse der I. Orthographischen Konferenz alles andere als zufriedenstellend, denn man konnte sich nicht in allen Fällen einigen. Von Polenz (1999: 239) beschreibt die Situation so, dass „[w]eitergehende, ergänzende, damals nicht zu realisierende Reformvorschläge Raumers (z.B. Einschränkungen des Gebrauchs von Dehnungszeichen)" von Germanisten abgelehnt und von der Öffentlichkeit attackiert wurden, so dass die Mehrheitsentscheidung der Konferenz von den Behörden schließlich nicht realisiert wurde. (Vgl. von

Polenz 1999: 239) Es kam sogar zu einer weiteren Verunsicherung der Öffentlichkeit, denn man einigte sich darauf, dass zukünftig graphische Kennzeichnung der Vokallänge nur noch bei *e* und *i* gekennzeichnet werden soll, nicht jedoch bei den anderen Vokalen.

Die Unsicherheit der Öffentlichkeit war der Grund, weshalb nach der Konferenz durch die deutschen Kultusbehörden veranlasst wurde, dass man die beschlossenen Regeln nicht im Schulunterricht und in Behörden anwendet. (Vgl. Nerius 2007: 344; von Polenz 1999: 239) Somit traten die Beschlüsse der I. Orthographischen Konferenz nie in Kraft. Als Konsequenz daraus erschien im Jahre 1879 auf der Grundlage von Raumers Entwürfen die bayerische Schulorthographie, gefolgt von der preußischen im Jahre 1880 und danach von weiteren in den anderen deutschen Ländern. (Vgl. von Polenz 1999: 239) Somit war die I. Orthographische Konferenz zwar gescheitert, denn es ist den Teilnehmern nicht gelungen, ein einheitliches orthographisches Regelwerk zu erstellen, Konrad Duden hat sich an dieser jedoch aktiv beteiligt, wenn es auch nicht nach seinen Vorstellungen zu Ende ging.

4.2 Dudens „Vollständiges Orthographisches Wörterbuch der deutschen Sprache"

Nachdem die I. Orthographische Konferenz gewissermaßen gescheitert war und Duden somit unter anderem sein Ziel, die „Durchsetzung einer einheitlichen Rechtschreibung im gesamten deutschen Sprachgebiet" (Drosdowski 1987: 12; vgl. auch von Polenz 1999: 239), nicht erreicht hatte, entschloss er sich dazu, „die Einheitsschreibung auf eigene Faust herbeizuführen" (Drosdowski 1987: 12) und begann mit der Arbeit an seinem „Vollständigen Orthographischen Wörterbuch der deutschen Sprache", in welchem er die Regeln für die preußische Schulorthographie, welche Wilmanns zuvor erarbeitet hatte und welche im selben Jahr erschienen waren, auf den Wortschatz des Deutschen, ausgedehnt auf Wörter des außerschulischen Gebrauchs, anwandte (Vgl. Drosdowski 1987: 13; Nerius 2007: 366) und welches im Jahre 1880 erschien. Gleichzeitig bezog er aber auch die Regeln der bayerischen Schulorthographie von 1879 mit ein, da er hoffte, dass „jetzt schon in Bayern die preußische und in Preußen die bayerische Schreibung als zulässig betrachtet wird" (Duden 1880, zitiert nach Nerius 2007: 366f).

Dudens Wörterbuch sollte dem Schreibenden zum einen ein Hilfsmittel sein und zum anderen dazu beitragen, „den Geltungsbereich einer einheitlichen Schulorthographie auf ein möglichst großes Gebiet auszudehnen" (Nerius 2007: 367) Tatsächlich schaffte es Dudens Werk, eine Einheitsschreibung in Deutschland herbeizuführen, die jedoch noch nicht kodifiziert war, wie Nerius (2007: 367) beschreibt, „so findet sich bereits 1882 der wesentlich anspruchsvollere Zusatz [eines Hinweises im Haupttitelblatt des Werkes]: ‚Nach den amtlichen Regeln der neuen Orthographie'." Des Weiteren wurde es von Duden selbst bis zum Jahre 1900 kontinuierlich verbessert und erweitert. (Vgl. Drosdowski 1987: 14; Nerius 2007: 367f) Bis 1900 war Dudens Wörterbuch bereits in sechs Auflagen erschienen und bereits im Jahre 1892 von den Schweizer Regierungen als offiziell verbindliche Grundlage für die Orthographie in der deutschsprachigen Schweiz eingeführt. (Vgl. Nerius 2007: 348; von Polenz 1999: 240) Von Polenz (1999: 240) bezeichnet die Herausgabe von Dudens „Vollständigem orthographischen Wörterbuch der deutschen Sprache" als einen entscheidenden Schritt zur deutschen Rechtschreibung. Ferner beschreibt er, dass es die Vereinheitlichung der Rechtschreibung auf unauffällige Weise im allgemeinen und im Schulgebrauch so ein gutes Stück vorangebracht wurde. (Vgl. von Polenz 1999: 240)

Trotz der Tatsache, dass es kein amtliches Regelwerk war, entwickelte sich Dudens Orthographie auch in den deutschen Ländern zu einem anerkannten Nachschlagewerk. So kam es, dass laut von Polenz (1999: 240) im Jahre 1899 bereits „fünf Sechstel aller Bücher und drei Fünftel aller Zeitschriften nach der preußischen Norm gedruckt" wurden. Ferner beschreibt dieser, dass Duden im Laufe der Jahre immer mehr Angaben über Bedeutung, Gebrauch und Herkunft der Wörter hinzufügte und auch Fachwörter aufnahm. Somit hatte sein Wörterbuch in der 6. Auflage, die 1900 erschien, bereits mehr als 32000 Stichwörter. (Vgl. von Polenz 1999: 240)

4.3 II. Orthographische Konferenz

Nach der Veröffentlichung der jeweiligen Schulorthographien der einzelnen deutschen Länder und nach Konrad Dudens „Vollständigem Orthographischem Wörterbuch der deutschen Sprache" wurden erneut Forderungen nach einer Einführung der Schulorthographie in den amtlichen Gebrauch ausgesprochen. Von Polenz (1999: 240) beschreibt die Situation so, dass die „Versammlung deutscher Philologen und Schulmänner" und der „Börsenverein deutscher Buchhändler" in den Jahren 1899 und 1900 die allgemeine amtliche Durchsetzung der Schulorthographie ohne weitere Veränderungen forderten. So kam es schließlich, dass sich die Schulorthographie endlich allgemein durchsetzen konnte. Gerade auch, weil Bismarck 1890 von seinem Amt zurückgetreten war und eine Benutzung der Schulorthographie in den Behörden nun nicht mehr strafrechtlich geahndet wurde. Von nun an brauchte man nicht mehr zwei unterschiedliche Orthographien. Im Juni 1900 kam man zu einer Beratung zu Fragen der Orthographie zusammen, bei der auch Konrad Duden anwesend war. Beschlossen wurde, dass eine einheitliche orthographische Regelung sowohl für Schule als auch für Behörden auf der Grundlage der preußischen Schulorthographie formuliert werden sollte. (Vgl. Nerius 2007: 349) Nachdem entsprechende Vorberatungen durchgeführt worden waren, kamen nach Einladung durch den Reichsinnenminister am 17. Juni 1901 insgesamt 26 Vertreter der deutschen Bundesländer, der Reichsbehörden und des Buchgewerbes sowie ein Vertreter Österreichs, nach Berlin zu den „Beratungen über die Einheitlichkeit der deutschen Rechtschreibung", später dann als II. Orthographische Konferenz bekannt. (Vgl. von Polenz 1999: 240) Duden, der als Vertreter Preußens auf der Konferenz anwesend war, war einer der wenigen, der auch schon an der I. Orthographischen Konferenz beteiligt war. (Vgl. Nerius 2007: 349) Anders als bei der I. Orthographischen Konferenz dauerten die Beratungen diesmal nur drei Tage. Auch faden diesmal nur vereinzelte inhaltliche Debatten um mögliche Regelungskonzepte oder Änderungsvorschläge statt, denn es wurde hauptsächlich über das gemeinsame Ziel, „die Kodifizierung einer einheitlichen deutschen Orthographie anhand der jüngsten Fassung des

Regelbuches der preußischen Schulorthographie" (Nerius 2007: 349) konferiert. Dennoch wurden auch einzelne Regeländerungen vorgenommen bzw. fixiert. Zum einen fiel nun endlich das *h* nach *t* in deutschen Wörtern weg, so dass nun *Tal* und nicht mehr *Thal* geschrieben wurde und *Ton,* nicht *Thon.* Auch Fremdwörter wurden nun weiter integriert, so wurde *c* nun weitestgehend durch *k* und *z* ersetzt, wobei auch die ältere Schreibung als korrekt angesehen wurde, wenn sie nun auch seltener benutzt wurde. Des Weiteren einigte m an sich über eine generelle Trennbarkeit von *pf* und *dt* bei der Worttrennung am Zeilenende sowie die generelle Nichttrennbarkeit von *st* an genau dieser Stelle. Zuletzt hat man auch die Veränderung einzelner Wörter, solche wie Efeu oder Literatur, beschlossen. Außerdem wurde die Zulassung von Doppelschreibungen und die Groß- oder Kleinschreibung der aus Substantiven hervorgegangenen Zeitadverbien diskutiert. (Vgl. auch von Polenz 1999: 240) In allen weiteren Fällen wurden Veränderungen „ohne lange Diskussion" (von Polenz 1999: 240) abgelehnt und die preußische Schulgrammatik wurde so anerkannt, wie sie war. Nerius (2007: 331) bringt es auf den Punkt, als er sagt, dass sich im 19. Jahrhundert die endgültige Herausbildung einer deutschen Einheitsorthographie ereignet, welche auf der II. Orthographischen Konferenz von 1901 kodifiziert wird.

Laut von Polenz (1999: 240) wurde das Ergebnis der Konferenz von allen Ländern akzeptiert, so auch von Österreich und der Schweiz, trotz der Tatsache, dass Österreich nur einen Vertreter auf der Konferenz hatte und die Schweiz gar keinen. Das nun mehr oder minder neu entstandene Regelwerk wurde schließlich ab 1903 für den Schulunterricht und den amtlichen Briefverkehr als verbindlich erklärt. „Damit war die zwanzigjährige orthographische Spaltung beendet und eine einheitliche Regelung der deutschen Orthographie verwirklicht." (Nerius 2007: 350) Somit bildete die II. Orthographische Konferenz endlich den Abschluss der Herausbildung einer deutschen Einheitsorthographie und auch das Ziel Dudens war erreicht.

Über den Beitrag Konrad Dudens schreibt von Polenz (1999: 240), dass dessen Verdienste auf dem Weg bis zur II. Orthographischen Konferenz außer neben der Koordination der verschiedenen Schulorthographien „vor allem auf dem Gebiet der lexikographischen Kodifizierung für eine möglichst große Zahl häufig gebrauchter Wörter" lagen. Des Weiteren sagt er aus:

„Wegen Bismarcks Verbot und wegen der Schwerverständlichkeit von Regelformulierungen für Laien war dies die einzige wirksame Möglichkeit für die Verbreitung der Einheitsorthographie bei Druckern, Lehrern, Beamten und darüber hinaus."

Er spricht also Duden und der Tatsache, dass dieser sein Wörterbuch geschrieben hat, einen großen Teil um den Verdienst der Einheitsorthographie zu.

5. Nach der Kodifizierung einer Einheitsorthographie des Deutschen

5.1 Buchdrucker-Duden

Nachdem die II. Orthographische Konferenz zwar ein voller Erfolg war, gab es dennoch Schwierigkeiten bei der Anwendung der neugefassten amtlichen Regeln auf den Wortschatz, denn es wurde deutlich, dass „das neue Regelwerk zu einer Fülle graphischer Varianten führte und eine Einheitlichkeit der Schreibung damit nicht zu erreichen war." (Drosdowski 1987: 17) Von Polenz (1999: 240) beschreibt die Verlagerung der Rechtschreibregelung vom Regelwerk auf das Wörterbuch zwar als praktisch, denn es „hatte einerseits für die Ratsuchenden die Erwartung zur Folge, für jede Zweifelsfrage im Wörterbuch erfolgreich nachschlagen zu können", tatsächlich war es jedoch so, dass die Anzahl an Varianten und Doppelformen dazu führte, dass man sich dennoch mit Einzelfällen auseinandersetzen musste. Vor allem in den Buchdruckereien kam es dadurch zu Problemen und Überforderung. Aus diesem Grund wandten sich Vertreter der größten Buchdruckervereine Deutschlands, Österreichs und der Schweiz an Konrad Duden und baten darum, ein Nachschlagewerk zu schaffen um das Problem der orthographischen Doppelformen zu lösen bzw. diese zu reduzieren. Somit entstand im Jahre 1903 der so genannte Buchdrucker-Duden, genauer die „Rechtschreibung der Buchdruckereien deutscher Sprache". (Vgl. Drosdowski 1987: 17ff; von Polenz 1999: 241) Von Polenz (1999: 241) formuliert seine Ansicht zum Buchdrucker-Duden wie folgt:

„Dieser Buchdruckerduden hat wesentlich zur Neigung zu immer neuen Normsetzungen beigetragen, die als Einzelentscheidungen vielfach amtlich nicht speziell autorisiert sind. Der begrenzte Freiheitsspielraum der Schreibenden in bestimmten Unsicherheitsbereichen wurde so bis heute in der Erwartungshaltung der Nachschlagenden immer mehr eingeschränkt".

Ferner heißt es, dass die Anzahl der Varianten bzw. Doppelformen von Auflage zu Auflage immer weiter reduziert wurde. (Vgl. von Polenz 1999: 241) Die Verschmelzung ebendiesen Buchdrucker-Dudens mit der mittlerweile 9. Auflage des orthographischen Wörterbuchs zum „Duden-Rechtschreibung der deutschen Sprache und der Fremdwörter" im Jahre 1915 trug erheblich zur Kodifizierung der deutschen Einheitsorthographie bei.

6. Fazit

Abschließend kann festgestellt werden, dass Konrad Duden tatsächlich einen beträchtlichen Beitrag dazu geleistet hat, dass unsere heutige Orthographie so ist wie sie ist. Als Lehrer hat er die Probleme der damaligen Rechtschreibung am eigenen Leib erfahren und hat diese trotz der Masse an Schwierigkeiten, die in der deutschen Orthographie vorherrschten nicht ignoriert, sondern alles in seiner Macht Stehende dafür getan, um diese Schwierigkeiten durch kontinuierliche Arbeit an seinen Zielen und Interessen aufzulösen. Auch wenn er Niederlagen erfahren musste, gerade nach der I. Orthographischen Konferenz, hat er diese genutzt um seinem Ziel auf eine andere Weise näher zu kommen. Durch seine Veröffentlichungen hat er es geschafft, ein großes Publikum zu erreichen und somit das Interesse des deutschen Volkes an einer Einheitsorthographie weiter geschürt. Des Weiteren kann man den immensen Einfluss Konrad Dudens daran erkennen, dass er als einer von nur zwei Männern als Teilnehmer zu beiden orthographischen Konferenzen eingeladen wurde, wobei er sich gerade bei der ersten aktiv für die Durchsetzung der Regelungen eingesetzt hatte. Mit dem Ausgang der II. Orthographischen Konferenz war er dann an seinem Gesamtziel angelangt.

Konrad Duden hat die deutsche Rechtschreibung zwar in keiner Weise neu erfunden, dennoch hat er deutlich dazu beigetragen, eine deutsche Einheitsorthographie zu etablieren. Duden selbst nahm im Prozess der

Entwicklung einer deutschen Einheitsorthographie die Rolle eines Normverfassers ein, während sein Werk, der Duden, die Rolle des Normvermittlers an das Volk übernahm. Mit der Hilfe eben dieses Werkes hat er es geschafft, seine zwei großen Ziele, welche zum einen eine soziale Einheitsorthographie, sowie zum anderen eine vereinfachte Rechtschreibung waren, zu erreichen.

Bis zum heutigen Tag ist der Duden in zahlreichen Auflagen veröffentlicht worden und gilt als das am meisten anerkannte Wörterbuch der deutschen Sprache.

7. Literaturverzeichnis

Drosdowski, Günther (1987): Rechtschreibung und Rechtschreibreform aus der Sicht des Dudens. Bibliographisches Institut & F. A. Brockhaus AG. Mannheim.

Goldberg, Anke (2007): Konrad Duden. Schreibe, wie du sprichst. Sutton. Erfurt.

Habermann, Mechthild; Müller, Peter O.; Naumann, Bernd (2000). Wortschatz und Orthographie in Geschichte und Gegenwart. Niemeyer. Tübingen.

Mlinarzik-Gutt, Nadja (2003). Konstanzen und Inkonstanzen in der Geschichte der Orthographie. Eine auswählende und vergleichende Studie vom sechzehnten Jahrhundert bis zur Rechtschreibreform 1996. Essen.

Nerius, Dieter (Hrsg.) (2000): Aktuelle Probleme der gegenwärtigen Linguistik. Schriftlinguistik – Lexikologie – Textlinguistik. Rostock.

Nerius, Dieter (2000). Die Rolle der II. Orthographischen Konferenz (1901) in der Geschichte der deutschen Rechtschreibung. In: Zeitschrift für deutsche Philologie. 119. Jg.; H. 1, S. 30 – 45.

Nerius, Dieter (Hrsg.) (2007). Deutsche Orthographie. 4. Auflage. Wissenschaftliche Buchgesellschaft. Darmstadt.

Von Polenz, Peter (1999): Deutsche Sprachgeschichte vom Spätmittelalter bis zur Gegenwart. Band III. 19. und 20. Jahrhundert. De Gruyter. Berlin.

Wurzel, Wolfgang Ullrich (1975): Konrad Duden und die deutsche Orthographie. Hundert Jahre „Schleizer Dunden". In: STUF – Language Typology and Universals. Volume 28, Issue 1-6. Seiten 179 – 209.

BEI GRIN MACHT SICH IHR WISSEN BEZAHLT

- Wir veröffentlichen Ihre Hausarbeit,
  Bachelor- und Masterarbeit

- Ihr eigenes eBook und Buch -
  weltweit in allen wichtigen Shops

- Verdienen Sie an jedem Verkauf

Jetzt bei www.GRIN.com hochladen und kostenlos publizieren